In Erinnerung an meine Kaulquappen-Kindheit in Sersheim

Jochen Weeber   Fariba Gholizadeh

Henrietta
spürt
den Wind

Patmos Verlag

Das ist Henrietta Maiwald
bei ihrer erstbesten
Lieblingsbeschäftigung.

Das ist Henrietta Maiwald
bei ihrer zweitbesten
Lieblingsbeschäftigung.

Das ist Henrietta Maiwald
bei ihrer drittbesten
Lieblingsbeschäftigung.

Das ist Henrietta Maiwald in jenem Moment, als ein großer gelber Ball bei ihr durchs Fenster kracht.

Und das kurz danach.

„Ist alles in Ordnung bei dir?", fragt einer der Jungs.
Henrietta blickt die drei verblüfft an.
„Bist du verletzt?"
„N-N-Nein", sagt Henrietta, „aber fast. Hab ich Scherben
oder so im Haar?" Sie neigt ihren Kopf nach vorne und Ole,
Paulchen und Luise durchsuchen Henriettas Lockenkopf.
Es ist schwierig, in diesem Gewuschel etwas zu finden.

Um auf Nummer sicher zu gehen, wollen sie noch wenigstens
einmal mit dem Staubsauger drüber saugen – aber als Henrietta
am Saugrohr festhängt, zieht Paulchen flugs den Stecker.
„Wenn das Mama sieht … oje."

„Puh", atmet Henrietta lang und tief aus.
„Was machst du denn gerade?", will Ole wissen.
„Ich freue mich, dass ich noch lebe!
Zuerst wäre ich fast von eurem Ball k.o. geschlagen
und nun um ein Haar weggesaugt worden."

Ole deutet auf den Bildschirm des Computers.
„Ich meine, was du da machst."
„Ich fange Spinnen. Käfer. Libellen. Und Frösche.
Für Frösche gibt es am meisten Punkte."
Die drei starren auf den Bildschirm.
„25 für jeden Frosch!", sagt Henrietta. „Für die roten Frösche
bekommt man sogar 30."
„Rote Frösche!", staunt Ole und schüttelt den Kopf.

„Wie heißt du denn?"
„Henry. Also eigentlich Henrietta, aber das sagt niemand."

„Wir kennen dich vom Schulhof.
Wir sind in der 1a. Bist du in der 1b?", fragt Luise.
„1c. Bei Frau Stegmaier", antwortet Henrietta und die
drei schlagen die Hände über dem Kopf zusammen.
„Also ich mag sie", sagt Henry.

„Seid ihr drei Freunde? Also, so richtig?"
Ole, Paulchen und Luise schauen sich an.
„Und wie!", sagen sie einstimmig, und dann erzählen sie, dass sie
schon allerhand Abenteuer zusammen erlebt haben. Dass sie schon
mal im Zelt in Oles Garten übernachtet haben. Und dass sie vor
Kurzem den Kaulquappenschwur geleistet haben. Und dass ihnen
sowieso nie langweilig wird.
Henrietta sieht die drei nachdenklich an.
„Was genau … soll denn das sein?", fragt sie, „der Paulkappenschwur
oder wie das heißt?"

Luise und Ole lachen. Paulchen schüttelt den Kopf und sagt:
„Wenn du Zeit hast und es wissen willst – komm doch mit!"
Henrietta zögert. Aber dann denkt sie daran, dass ihre Mutter den
ganzen Nachmittag beim Einkaufen ist und ihr Vater erst abends
nach Hause kommt. Sie ist eh alleine – und hat Zeit.
Sie legt einen Zettel auf den Esstisch.
„Hallo Mama. Bin zum Spielen draußen. Henry."
Und dann machen sich Ole, Paulchen, Luise und Henry auf den Weg.

Die Sonne scheint warm auf ihre
Gesichter und so laufen sie gut gelaunt
mitten in den Frühling.
Sie stecken sich Löwenzahn ins Haar
und johlen wie Indianer.
Sie hüpfen über den kleinen Bach
(was nicht bei allen gleich gut klappt ...).
Sie klettern auf Paulchens
Lieblingsbaum und lassen kleine
Kieselchen hinunter plumpsen –
direkt in Oles linken Schuh, der unten
in der Sonne hängt zum Trocknen.

Sie kullern seitlich den Hang hinunter (wobei Paulchen im einzigen Busch weit und breit landet). Sie lassen am See Steinchen hüpfen (dabei wird dann auch noch Oles rechter Schuh nass ...).

Sie pusten sich Pusteblumen um die Ohren, liegen danach mucksmäuschenstill im Gras und beobachten, wie eine Amsel einen Regenwurm aus dem Boden zieht und dann damit davon fliegt.

„Und was ist das jetzt mit dem Kraulpappenschwur?",
bohrt Henry.
„Hm", zögern die drei. „Also ... naja", drucksen sie herum.
„Von mir aus", gibt sich Ole einen Ruck, „können wir
Henry mit dazu nehmen."
Die anderen sehen sich an und nicken.
„Na, dann los. Auf zu den kleinen Tümpeln!"

Nach einem längeren Fußmarsch durch den Wald kommen sie
an eine kleine Lichtung.
„Mach mal die Augen zu, Henry", sagt Luise, und dann führen sie
sie vorsichtig noch ein paar Schritte weiter. Unter ihren Füßen
knackt und raschelt es, und die Luft riecht nach warmem Wald.
Henrietta öffnet die Augen und sieht sich um.
„Hier war ich noch nie", sagt sie.

„Weißt du, was das ist?", fragt Ole.
Er zeigt auf kleine, schwarze Dinger, die im Wasser schwimmen.
Henry schüttelt den Kopf.
„Das sind Kaulquappen. Aus denen werden Frösche."
Henrietta geht in die Hocke und sieht sich staunend
all die kleinen Kaulquappen an.

Paulchen formt aus beiden Händen eine große Kuhle und hält sie langsam ins Wasser. Er will gerade eine Kaulquappe hineinschwimmen lassen, da ruft Ole: „Es gibt schon Frösche! Hier, seht mal!"
Im Nu stehen alle um Ole herum. Tatsächlich – an einem der Tümpel sind aus den Kaulquappen bereits Frösche geworden. Behutsam nimmt Ole einen der winzigen grünen Frösche in seine Hand. Der Frosch bewegt sich nicht.

Alle sind ganz still und sehen, wie der Frosch atmet. Dann streckt jeder der vier eine seiner Hände aus, sie machen sie ganz flach – und dann hüpft der winzige Frosch langsam von einem zum anderen: von Ole zu Paulchen, von Paulchen zu Luise und von Luise zu Henry.

Da steht sie nun: Henrietta Maiwald, mitten im Frühlingswald, mit geschlossenen Augen, und spürt die zarten Beinchen des Frosches auf ihrer Hand.

Als der Frosch weiter hüpft auf Oles Hand, muss Henrietta kichern, weil es kurz kitzelt. Noch immer hält sie die Augen geschlossen und wartet, bis der Frosch nach seiner zweiten Runde noch einmal zu ihr kommt. So lange bleibt sie ganz still stehen und hört, wie der Wind leise durch die Bäume streicht.

„Mach's gut, Kleiner!", sagt Ole und setzt den Frosch vorsichtig zurück ins Wasser.
Nachdem sie insgesamt 34 grüne Frösche gezählt haben, aber keinen roten, sagt Ole: „O Mann, hab ich kalte Füße."

Dann gehen die vier zurück nach Hause: über den Bach, den Trampelpfad und quer über die Wiese.

„Drei Mal ist der Frosch rundherum gehüpft! Dafür hättest du bei deinem Computerspiel bestimmt eine Menge Punkte bekommen, oder?", fragt Paulchen, „vielleicht hundert?"

„Ja, vielleicht hundert", antwortet Henrietta.

„Können wir das mal bei dir spielen?", schiebt er hinterher, und Henrietta nickt.

Dann kommen sie bei ihr zu Hause an.

„Wir haben dich schon mal am Fenster gesehen. Wir haben gedacht, du bist gerne allein."

„Hm", überlegt Henry, „manchmal schon. Aber mit euch zusammen, das war echt ein toller Nachmittag", sagt sie und kickt mit dem Fuß gegen den Ball – der in hohem Bogen direkt durch das Loch im Fenster fliegt!

„50 Punkte!", ruft Ole, während Paulchen und Luise klatschen und lachen.

„Und wann zeigt ihr mir die Sache mit dem Kaulquappenschwur?", fragt Henry.

„Das machen wir beim nächsten Mal. Versprochen", erklärt Ole und schaut auf seine Uhr. „Ich glaube, ich muss los, meine Eltern kommen bald nach Hause."

„Müssen die auch so
lange arbeiten?", fragt Henry.

„Ja, leider. Aber dank
Luise und Paulchen wird mir
ja nieee langweilig!", grinst Ole
und zwinkert den beiden zu.

Von drinnen winkt Henry den dreien noch mal zu, wirft den Ball hinaus und sagt: „Wir sehen uns morgen in der Schule."
Ole, Paulchen und Luise winken zurück und stapfen die Wiese hinauf. Kurz darauf steht Henriettas Mutter im Zimmer. Sie starrt auf die kaputte Scheibe. „Ach, du liebes Bisschen! Was ist denn hier passiert?", fragt sie. „Und wer sind die drei Kinder da draußen?"
Henrietta hält kurz inne und dann antwortet sie:
„Ich glaube, das sind meine Freunde."

VERLAGSGRUPPE PATMOS

PATMOS
ESCHBACH
GRÜNEWALD
THORBECKE
SCHWABEN

Die Verlagsgruppe
mit Sinn für das Leben

Für die Schwabenverlag AG ist Nachhaltigkeit ein wichtiger Maßstab ihres Handelns.
Wir achten daher auf den Einsatz umweltschonender Ressourcen und Materialien.

Umschlaggestaltung: Finken & Bumiller, Stuttgart
Umschlag- und Innenillustration: Fariba Gholizadeh
Druck: Grafisches Centrum Cuno GmbH & Co. KG, Calbe
Hergestellt in Deutschland
ISBN 978-3-8436-0881-7